ARCHI DE CONSUELO

Bienaventurados los píos de los pies

ENTRELÍNEAS EDITORES
eraseunavez.org

ENTRELÍNEAS
EDITORES
eraseunavez.org

Primera edición, junio 2024

Editores: María Eugenia González Cintas y Carmelo Segura

C/ Lima, 42 (Posterior)
28945 Fuenlabrada (Madrid)
entrelineas@eraseunavez.org
www.eraseunavez.org

Realización, impresión y distribución: Cénit Hispano
Cubierta: JuanJo González - @jjdrawingg
Corrección: Leticia Clara Coscullluela Viso
Maquetación: Estela Rodríguez Millanes - beyka.es

ISBN: 978-84-128923-7-6

Impreso en España / Printed in Spain

Dedicado

A la bella Xexe, por tener el coraje y la pasión de haber montado la única librería de Benasque contra viento y marea. Por la deliciosa humanidad de su acogedor espíritu.

Al querido maese Pol Vazo (sí, en efecto, así es su nombre y su apellido), por su amistad desinteresada y su corazón de niño.

A Salvador París, por su hidromiel de exquisita manufacturación con el que amenizamos nuestras veladas ajedrecísticas; por su preciosa amistad.

A mi prima María Ángeles y a su hermana Xelito que da la casualidad de que también es mi prima.

A la memoria de la rutilante Matilde de Aragüells.

Y al gringo: Walter Cebrero que, si bien no es un gran lector de palabras lee como nadie en los gestos de las personas, en las gotas de lluvia, en las hojas de los árboles y en las hojas de los días. Lo cual no es poco.

A todos vosotros, por creer en mí e impulsar con vuestro arte el motor y el combustible de estos humildes poemas.

¡Gracias!

Estar es irse y venir al mismo tiempo.

Me fui tan lejos que casi vuelvo
al punto de partida.
En el trayecto colisioné con mi espalda
y de tanto andar
no marché nunca.

Una noche, ya tarde de madrugada, sonará el teléfono,
y una voz que será la tuya, tomada por las lágrimas,
te invitará a tu entierro.

Nota del autor

Cuando uno muere se le acaba el tiempo. Pero no está muerto porque para él no pasa el tiempo. Ni para ningún muerto transcurren los segundos. Entonces ni cuenta se da que está muerto y por esa razón no está muerto. Sólo para los vivos estará muerto el muerto no para sí mismo. Sin tiempo donde se aloje el muerto no hay muerte. El cuerpo se pudre. Se convierte en polvo. Ya nada lo sustenta. Ha perdido su personalidad pasajera. El alma. La conciencia vuelve sin tiempo a ser parte del mar de energía de donde surgió.

A. d. C.

CANTO PRIMERO:
Pasos

De peones y reyes

¿Y si acaso te reencarnaras en todos los hombres al mismo tiempo, en todas las épocas en un instante? Esa mujer que amas y que te ha abandonado sin la menor compasión por otro que eres tú, ¿no serías tú mismo que te amas y rechazas?

En ese caso, mírate reflejado en los crueles ojos de tu abrumador oponente, ese que te humilla en el tablero de ajedrez de la vida es el calco de tu propia vanidad que buscando la gloria te despedaza.

Bienaventurados los poetas

Los bebes recién nacidos piensan sin palabras,
lo cual no impide que dejen de pensar.
Pensar sin palabras tiene la virtud
de no equivocarse uno nunca
por frases ampulosas.
No existen las preguntas
cuando todo es una gran respuesta
categórica. El problema de esta meditación
indefinida es que ningún hablante
logra pensar sin palabras,
las cuales explican muchas cosas
sin resolver casi nunca nada
por la propia limitación del verbo.
Por esta razón la poesía
es la mayor herramienta del lenguaje
para desvelar el enigma de la existencia.

La santa culpabilidad de ser un necio

En dónde, mi Dios
hipersensible,
en qué remoto lugar
fuera del tiempo,
te pones a tramar
tus nuevas
invenciones.

Qué haré yo
cuando
en la aparente
suspensión
de mi corporalidad,
te busque
y no te encuentre
o,
lo que es aún peor
por tanto
insolente desatino:
te encuentre
sin buscarte.

Bienaventurados los que callan

Lo que nunca pienso será pensado por otro.
Sobrevivirán en otros versos mis desdichas.
Y lo que nunca dije volveré a callar
con estas palabras mudas que parecen
no decir nada mientras hilvanan
en su plagio descarado la grandeza
pura de nuestro más locuaz silencio.

Bienaventurados los hombres que son Dios esparcido

A la explosión madre de todos los fuegos desatados,
Dios ralentizó con el deseo de su fiera voluntad incontrastable,
y se desplazaron las galaxias y los mundos a un ritmo de amable
flujo sideral. De lo que es una explosión que apenas dura un
[pestañeo
en incinerarlo todo con su ruptura violenta, que incluso se devasta
a sí misma, Dios fundó el infinito y dijo: hágase la vida.

Orquestal y divino

¿Te imaginas el universo
siempre extendiéndose
hacia más allá
del infinito
como un océano
de estrellas en la detonación
que nunca acaba,
nunca deja de explotar y…
mientras tanto: nosotros,
la llamada humanidad,
viviendo en una fracción
de ese zambombazo,
amando, respirando,
poblando una molécula
de esa inconmensurable soledad y,
con el corazón
lleno de tempestades,
de glorias y hazañas y guerras
y llantos, dinamitar
vidas porque dentro
de una explosión cósmica
vivimos y está
en nuestros genes,
hijos del átomo
y el estallido,
destruir para crear?

Del conocimiento

Un sabio y un estúpido
tienen en común el pozo
de la invidencia de una misma ignorancia.
Un científico armado de compases,
sextantes, reglas aritméticas
y el conocimiento del Pi y la hipotenusa
de un codo de Dios, se aproximará
a la explicación de la verdad
de su existencia tanto como
un necio analfabeto con sus ensoñaciones.

Bienaventurados los que recuerdan el presente

La vida es el recuerdo material
de los ángeles inmateriales que somos.
El recuerdo de los hombres vivos
Y, por ende, orgánicos, es abstracto,
primo hermano de las sombras,
por lo contrario, el recuerdo
de los seres etéreos resucitados
es material. Es la vida que fluye
en una parte lineal del espacio-tiempo,
un ciclo necesario de la historia
cósmica de la eternidad.
Nuestro hoy inmediato
es el pasado de la vida eterna.

Loa

Cuando las distancias terminan
y lo inabarcable se amontona
en un sitio que a su vez se dispara
al infinito.
Cuando el universo cae definido
en días sobre los mundos,
el cacareo de un gallo contiene
las partituras de nuestro amanecer perpetuo.

El regalo

No deja de ser sorprendente el aburrimiento humano.
La desidia, la incredulidad, la falta de fe de las mentes
analíticas que creen que todo está dispuesto para el regocijo
intelectual de sus teorías y cálculos, mientras el milagro
[inexplicable
es dulcemente más lógico que la explicada vida.

Incredulidad universal

Seguro que en muchos puntos cardinales
del espacio, para millones y millones
de civilizaciones somos menos que un mito,
una fantasía extravagante de sus artistas
y científicos de los cuales se burla
la mayoría de ellos que no pueden
dar por cierto nuestra improbabilísima existencia.

Sed de ser

El universo es una canica infinita sostenida
entre los dedos índice, medio y pulgar
de la mano de un niño que la mira a contraluz,
fascinado, mientras su madre
lo llama una y otra vez a comer porque se enfría la sopa,
con la misma voz demandante con que otra multitud
de madres de este y otros mundos paralelos
llaman a sus hijos soñadores a sentarse a la mesa,
pero los retoños ni caso…
Abstraídos observan una canica, un guijarro,
una gota de lluvia colgando
de una hoja como una perla
y otras diminutas cosillas elementales, porque
saben sin saberlo de manera consciente,
que la inmensidad expande
sus horizontes hacia lo más pequeño y simple,
adentro más adentro,
sin tope en sus partículas subatómicas
entrelazadas como un tejido
en las moléculas de un suspiro
donde tampoco existe el límite
que salta hacia lo inconmensurable de los cielos.

Hoy:
el significado concreto de lo difuso

Todos los millones de años del pasado,
una eternidad despoblada de horarios,
de calendarios, de estaciones, de ciclos
y de un tiempo anterior al tiempo,
siguen siendo la misma maravilla insondable de entonces,
porque al no transcurrir germinan atemporales
en continua y misteriosa perpetuidad de nacimiento.

Quiero decir tu nombre

Vayas a donde vayas siempre irás contigo.
Incluso cuando te quedes, cuando no vayas,
te quedarás contigo.
Eres tú, la visión cotidiana de tu cuerpo, lo más parecido a ti.
Tus manos, antebrazos, tus pies,
tus rodillas que son una maquinaria plena,
como un par de bisagras de inaudita complexión,
todo lo que te habita: tu voz, tus ojos, tu pelo,
tus uñas, todo se te parece tanto
que puedes creerte tuyo más que nadie.
Menos mal que no eres un animal salvaje,
ni una simple nube, ni una hoja en el follaje
o un guijarro cualquiera.
¡Qué oportuno que poseas un nombre para llamarte!,
para buscarte a gritos de faringe liberada
cuando te diluyas en el océano de las estrellas.
De no ostentar un nombre, por otra parte,
¿cómo sabrías quién eres en realidad?
¿Cómo catalogar tu espíritu único, particular,
sensitivo, en un cielo cuajado de incontables espíritus?
Serías un hombre entre los hombres,
como lo es un grano de arena en el Sáhara
o un pedrusco en una cantera de granito,
y al marchar o quedarte,
¿quién sabe quién se quedaría contigo?

Sí

Compite hermano contra la gravedad.
Vence tus dudas.
Alza colosales edificios en las nubes,
palacios prendidos como garrapatas
en la piel de todas las galaxias.
Seamos breves dioses creadores,
que para nuestro propio regocijo y asombro
saltamos a la vida.
Ebrios de nosotros mismos
rubriquemos perseverantes este milagro.
Que no pelee nunca más el hombre
contra el hombre sino contra sus figuradas
limitaciones y flaquezas.
Derrotemos al demonio que nos impulsa
a cometer atrocidades
y en nombre del dolor fisiológico
de la madre que nos parió,
devolvamos a la vida con actos de amor
toda pena existencial de ser
tan miserablemente pasajeros.

Búsqueda devota

En los arrabales de la humanidad
buscando a Dios
por encima
y más allá
de la simple vida de un tulipán
sigo de largo
inevitablemente ciego
y desaíro el esplendor
puro y sencillo
de todos, todos los tulipanes.

Amén

No quiero con agua apagar nuestro incendio.
Quiero con fuego encender el agua
de todos los océanos
para que la tierra vibre
con la hermandad de la luz
y el aire entero sea camino.
Quiero fuego de amor en el mundo,
paz en las almas de fuego,
agua y luz en mis besos.

Filo dorado

Cuando corre una pulsación
por el partido cráneo
mientras la carne se corrompe
feliz bajo la hierba
y la piel hinchada de gases y espanto
conferencia su inmortalidad
con la savia dulzona del garbanzo,
el alma ilesa, soberbia, regia, caprichosa,
ya ha recuperado la memoria.

Susurro de estrellas en do menor sostenido

Y en el frescor de la noche,
en la esencia de lo que no es,
en lo inmóvil y nunca considerado,
vivo en su magistral invisibilidad
más vivo que la vida,
incomprensible, como siempre palpitante
en el intersticio de todas las cosas,
abriéndose camino tan desoladamente
invencible y tan cobijado en su propia
y sagrada ternura de música amorosa,
Dios, precisamente.

Espléndida criatura

Cuando a la distancia veo a la gente hablar,
mover sus manos en súbitas escenas
describiendo teatrales conquistas,
melodramáticas traiciones,
estrepitosos sueños de amor o,
insípidas naderías que no alcanzo a escuchar
ni descifrar,
puedo percibir la corona ardiente
de sus almas
fluctuando por encima de sus cabezas:
pequeños aros triples de llamas transparentes
que se evaporan en el aire.
Entonces, hipnotizado
de sus mímicos movimientos,
definitivamente absorto,
pienso que el hombre es un espectáculo
digno de ser presenciado,
una exquisita obra de arte forcejeando
con sus misteriosos defectos terrenales.

Pasos en las sombras

¿Podrías dentro del sueño salir de él sin despertarte, recorrer la casa umbría, beber agua del grifo con sed sensual, acariciar el lomo de tus libros, silbar ausente, con ritmo abstracto y festivo y, dando tumbos entre los muebles, volver al cuarto para verte dormir soñando que sueñas mirándote dormir?

Qué hondísima piedad sentirías por ti mismo al verte sin remedio vulnerable en la noche profunda, frágil como un lirio al embate del viento estival.

¿Podrías siendo un sueño extender los labios trémulos y besar la mejilla del durmiente que eres tú y que te sueña?

¿Podrías salir a la calle vestido de sobria cortesía y deambular por el barrio en busca de un transeúnte nocturno? ¿Podrías ser visto, oído y palpado por algún dulce borracho insomne? ¿Verdad que no?

Entonces, ¿quién de entre los vivos tiene aún la desvergüenza mojigata de hablar de fantasmas y apariciones, llenándose la boca de una erudición impostada, cuando la muerte es, de entre los sueños, el más profundo desmayo de intransferible letargo?

Si estando vivo, muchas veces tu espíritu no es visto, presentido o siquiera comprendido por tu propio aliento, ¿cómo va a perturbar nuestra estancia en la tierra, la idea absurda de un inexistente espectro?

La aprobación

Estudia con cuidado y penetración la aerodinámica portentosa de las alas de una mosca, pesa el perfume de los pétalos del clavel, saca la hipotenusa de las hojas del roble, descifra el pentagrama genético de la flauta del jilguero que vibra en las octavas acrósticas de la música pura.

Deléitate con la geometría imposible de los distintos copos de nieve que, aunque ninguno es igual, ofrendan la misma nevada. Surca los océanos en navíos de tierna madera con la certeza de que la mar es un ser vivo como el vientre de una madre preñada de ecosistemas y de amorosos peces saltarines.

Tiende entre los hombres puentes fraternales, horada la piedra con túneles vinculantes, que en tus manos pacíficas el átomo alumbre metrópolis colosales que a una distancia abismal desde el espacio relumbren como estrellas.

Supera tus flaquezas. Recibe al dolor inalterable como a un maestro que a rigurosas pruebas te somete, no permitas morder en tu piel la amargura del rencor. Sé obstinado como un perro con un hueso.

Comprenderás que hay algo en ti mismo que no entiendes y que esa parte incomprensible es lo más bueno, puro y verdadero de tu alma que mueve a golpe de intuición los engranajes de tu férrea voluntad.

Llora cuando una persona te participa una tristeza y escúchala aunque tengas para contar toda tu vida. Ayúdala a sonreír sinceramente, irgue su alma herida del abismo. Ríe con la felicidad de las amantes parejas, con la voluntariosa alegría innata de los niños, porque tuya es la estela del mismo ánimo humano.

Sé, sé tú, la obligación de un sonriente esmero. No busques la perfección absoluta, tan sólo persevera en mejorar un poco cada día.

Nunca permitas una injusticia ni des la razón a un necio por evitar lamentables escaramuzas. ¡Hazte decapitar si es necesario! Y que Dios sonría satisfecho entre los pájaros del cielo y te señale: ¡éste ha aprobado!

Un aleteo apenas presentido

La brújula cronológica
de nuestras mentes
nos induce a creer
que el ayer
de hace treinta años,
dos años o incluso
unos minutos,
tiene diferente distancia,
cuando en realidad
todo el pasado
del mundo
cabe en el mismo
suspiro humano del tiempo.

Estadísticas del milagro

La vida es increíblemente improbable.
Como es altamente improbable
que un ser vivo reconozca
que la vida es improbable,
pues, aunque la existencia
de un Dios amoroso
haría más probable
la vida esparcida
en todos los rincones del cosmos,
que la nada de un vacío yermo,
una especie creada
con la sensibilidad y facultad
de pensar, sentir y alegar
que la vida es improbable,
es matemáticamente más
improbable que la vida misma.

Pasos

Todos caminan sin darle mucha importancia al paso.

Caminan y piensan en sus cosas, incluso silban, se hablan a sí mismos en corteses soliloquios personales, saludan, y ni siquiera dirigen una mirada agradecida a sus pies, un reconocimiento general a sus rodillas y perseverantes piernas.

Eso sí, casi todos tienen en consideración que para caminar es propicio adelantar primero un pie y luego el otro, nunca ambos al mismo tiempo.

Algunos, además de pensar, silbar, saludar y hablarse a sí mismos, se voltean a venerar con ojos deslumbrados las movedizas colinas de un trasero que pasa a su vera.

Nadie, salvo que sufra de un tobillo descoyuntado, de un principio de esguince o transite en muletas, le presta demasiada atención a sus pasos, nadie se mira los pies: los ignoran, los desprecian, no les dirigen la palabra por andar por los suelos, y miran recto obviando que una vez gatearon, que para sostenerse erguidos debieron asimilar más de unos cuantos moretones, ser voluntariosos.

Es tan espontáneo este andar que ni siquiera advierto que camino y sin más sigo caminando, yendo hacia donde apuntan mis pies sólo para ver a dónde me llevan.

Nadie se percata de esta sincronización suprema, de este familiar prodigio, caminamos como si fuera el hecho más normal del mundo, las manos en los bolsillos, la vista al frente o por las nubes, si supiéramos que caminar es tan complejo como barajar un mazo de naipes con una mano y con la otra aprender esgrima o como esculpir el busto en mármol de nuestro autorretrato mientras tomamos clases de tango y a cada mordiente cincelada marcamos un dos por cuatro, o mejor aún, como interpretar a Chopin al piano y a la vez diseccionar una rana e intentar develar de sus vísceras el origen del universo.

Así es esto de andar hundiéndonos en el aire, palada tras palada de pasos sin siquiera sospechar el equilibrio y la coordinación absolutos que es menester poseer para hacerlo.

El sentido común

Con él se puede hacer mucho
o casi todo,
o, mejor dicho, sería menester
hacerlo todo. Aunque a veces,
ustedes verán,
lo mejor es no hacer mucho
o casi nada,
o, para ser más preciso,
sería rigurosamente necesario
no hacer
ninguna tontería.

Supervivientes

Dentro de veinte años muchos entraremos de lleno en la ancianidad. ¡En un suspiro del tiempo seremos viejos! Andaremos con los contornos borroneados, difuminados casi de lo que fuimos. Sin embargo, pese a este golpe moral que es envejecer, todos nosotros seguiremos siendo los mismos necios, e incluso algunos manifestarán su necedad con cierto contento de poder exhibir el grado de su estupidez, mientras otros no supervivientes ni siquiera eso.

Desde el abismo

Cuando se quiere se quiere con lealtad y pasión.
No hay otra manera. Aunque se hunda el barco,
quien ha sido noble con sus actos
y ha sabido conservar un mediano sentido común,
se hundirá con la satisfacción
de haber sido leal, con la elegancia
de un caballero.
De lo contrario, aquel que en la vida
supo dejarse llevar por sus miedos
y comodidades, que supo traicionar
sin remordimiento alguno,
como un verdadero psicópata,
ese andará siempre hundido en el océano
de sus propias vilezas.

Ojo por ojo, siesta por siesta

Hoy, mientras me levantaba la tapa craneal, la masa encefálica que barboteaba por el griterío de afuera y me revolvía en la cama esa jauría de perros que no me dejaba pegar ojo, hostigado por el cacareo humano con un sentimiento de asfixiante indefensión, pensé que algún día debería tomar el avión, cruzar el océano, aguantar el *jet lag* y después de dos escaleras mecánicas, ocho pasillos, dos ascensores, un taxi clandestino que me cobra la mitad y se planta averiado apenas salir del aeropuerto bajo un sol verdugo; tres autobuses interurbanos, una docena de puteadas, no empuje no empuje, una metralla de piropos a una mujer despampanante que casi me deja ciego, tres hot dogs y una cerveza Quilmes, tocar timbre en la casa de ese hombre de la esquina que ni sé cómo se llama y decirle con voz llorosa, el mentón pegado al pecho y la mirada sumisa de un mendigo apaleado:

—Disculpe buen señor, yo soy el insolente ese que no paraba de berrear bobadas con los chicos de la esquina de enfrente, ese que cantaba con voz de cuervo estrangulado a todo pulmón a cualquier hora, por la tarde o bien de madrugada, ese jodido imbécil soy yo, y quédese tranquilo que le puedo asegurar que otros imbéciles de ahora con mi edad de entonces no me dejan dormir en paz a la edad que usted tenía. Y que recién ahora comprendo la agonía de su sueño roto, que el puñetazo que di hace años a un amigo, jugando a los vaqueros, hoy me hace doler los dientes, porque de verdad le digo, muy señor mío, que todo se paga en la vida.

CANTO SEGUNDO: Revelaciones de un místico consuelo

Valores humanos

Un cero es un cero y veinte ceros
son un cero.
Un hombre es un hombre y veinte hombres
son un hombre,
porque si bien, un hombre no es un cero,
si veinte hombres no son uno,
esos hombres valen cero.

Loa II

La espuma de la mar
es fobia de las piedras,
virus rábico
en su afán frustrado
por ser monumento,
¡te alabamos señor!

Atrápame si puedes

Si una persona por naturaleza ambigua niega un hecho,
un desliz insignificante que contraviene
las leyes del sentido común
y uno se lo expone varias veces, que esas cosas no se hacen,
que rozan el mal gusto y, sobre todo, involucrando a terceros,
y el muy estimado negacionista no solo se mantiene seguro
en su elucubración delirante sino que al hacerlo te trata
como si fueras un fabulador, mentiroso y embustero,
es mejor mantenerse alejado de esa gente bipolar
porque, así como niega lo que sucedió,
con la delicadeza de quien enhebra una aguja,
el día de mañana tal vez se le ocurra negar
nuestra propia existencia y, por el amor del cielo,
¡no vaya a ser cierto!

Adivinanza

Habla con los árboles, los saluda: «buen día tenga usted, majestad de la madera», y ellos le contestan con trinos de pájaros. Pela mandarinas con las uñas largas y sucias y cuando se las come a bocados sedientos de náufrago, saborea en el cítrico jugoso su propio sabor a tierra y arado.

Nunca le ladran los perros por el respeto que sienten ante su estampa perruna de insolente desparpajo. Y aunque los dientes incisivo central y lateral superiores le faltan como un piano roto, con su sonrisa consigue más de lo que busca.

No lo tumba la burla ajena ni la vanidad personal que desconoce.

Un escarabajo, un gorrión inflado de hambre, una nube con forma de nube colgando en el cielo como un algodón de azúcar, atraen toda la atención de su intelecto. Meditabundo te lo puedes encontrar en una esquina, como ensangrentado, investigando las papilas de su pulgar.

Lo impulsa una sola conciencia: la de la importancia del momento. De los oídos le brotan las abejas que han construido un panal lleno de miel pura entre las costillas flotantes y el esternón de su pecho.

Parece un conquistador armado de un demente regocijo.

Reidora la mirada. Su inocencia inmensa embriaga como un vino. Gusta de echar a correr de pura alegría sinsentido, celebrando con júbilo lunático la coordinación motriz de su cuerpo. Se apresura, no tiene tiempo, corre sin respiro como huyendo de los horarios y las prisas.

En la barra de los bares se acoda pensativo y cuando el camarero le pregunta qué desea tomar él le responde chupándose los mocos: nada, me basta con el aire sustancioso, yo vengo a observar y disfrutar del griterío de los parroquianos que son mi pueblo, mi gente y mi familia.

Y el camarero que no sabe qué decir ni qué pensar y menos aún qué sentir, pasado el desconcierto inicial, suele invitarlo de su propio bolsillo, con una Coca Cola bien fría con cubitos si hace calor o con un ColaCao con leche caliente si hace frío. No vaya a ser verdad, que son parientes. Camina sin temor alguno, ahíto de esperanza como si detrás de él sonara una banda de gaiteros. Hace temblar al suelo con sus pasos saltarines.

De improviso, se suelta a bailar con un estilo libre que le hacen borrosos los pies mientras agita los brazos como alas sin plumas. Grita. Calla. Grita. Lo tiene sin cuidado el ridículo.

Es probable que pase a tu lado hablando solo. Reproduciendo el sonido del motor de una Ferrari o de un tren de carga incluidos los bocinazos de su locomotora.

En este caso, se recomienda no invadir los raíles.

Se cree inmortal, aunque acostumbra a llorar por cualquier tontería.

¿Sabes quién es? ¿Sospechas de quién estoy hablando mi carnal amigo?

Eres tú, es ella, son los demás y los de menos, somos nosotros, ¡todos!, de vuelta, como entonces, propulsados por la magia a soñar, a ilusionarnos, a creer, a ser sinceros y mejores, cuando excarcelamos del qué dirán al niño que aún llevamos dentro.

El Ello

Estabas ahí tan solo,
hambriento por reírte de ti mismo,
con tantas ideas sobre esto y aquello,
que elegiste ser lo demás, abandonar tu ELLO
y pasar por todas las facetas de un desmemoriado simio.

Mermada lumbrera, amor feroz,
fuego aguachento, infinitud adulterada
y sabiduría inolvidable sin voz,
e insobornable justicia honrada.

Espíritu mutilado, santa esencia,
porción diseminada de una misma y gloriosa versión,
creador sublime, artista de superlativa mirada,
quien, aburrido de todo el poderío de su inteligencia
anheló existir en la desmemoria inexpresable
de una total dispersión.
Soberano, monarca altísimo intocable,
rey del reino de la mayor grandeza,
explotado en ti, desmenuzado en tu pasión.
¿Recuerdas chapucero espíritu haragán?:
¡Tú hazlo querido!,
ser hombre con instintos de orangután,
que batalla, teoriza y se pregunta,
tiritando de irracionales fríos:
¿existe Dios?

La fe

La percepción intelectual de un hecho futuro
a través de la razón garantiza
el deseo de nuestra voluntad.

Es cierto que el ser humano,
cuando su fe es del tamaño
de un grano de mostaza
mueve una montaña.

El inconveniente es que, por lo general,
no alcanza a presenciar este prodigio
porque con otro grano de duda
suele inmovilizarla.

Camino a la montaña

y al cabo de todo un largo día de peregrinación,
en medio del tortuoso sendero
detuve rendido mis pasos
bajo un sol abrasador,
y experimentando un insufrible
cansancio físico y a la vez moral,
lloré por todos los males del mundo,
por mis propias vilezas,
por lo breve y frágil de la vida,
y así llorando,
a través de las inútiles lágrimas,
contemplé una vez más
el templo majestuoso de los Pirineos.
Entonces aspiré hondo,
me eché los pies al hombro
y reanudé la marcha
hacia las más altas cumbres.

En la montaña

Para contemplar en todo su esplendor la montaña debes hacerlo a cierta distancia, de lo contrario, si te adentras en ella, si la subes por alguno de sus senderos escarpados, tus piernas y muslos probarán el esplendor de su altura, y tú serás parte de ella; cualquiera que admire la montaña desde lejos, te admirará también a ti porque serás un trozo diminuto de montaña que camina. ¡Cómo son las cosas y los hombres!

Al ser tú parte de ella, al convertirte en montaña, es cuando menos puedes verla. Sabes más de su interior, de sus piedras, yerbajos, arbustos y bosques, de sus peligros, de su respiración que ahora jadea con la tuya, pero es cuando menos la contemplas en toda su grandeza de montaña.

Es como si la cercanía te hubiera alejado irremediablemente.

Almas angelicales

Somos un film verídico
que Dios proyecta
a los ángeles que somos.

Somos un cuadro móvil
que expone el máximo artista
para el deleite
de los espíritus vencedores.

Somos aquí
nada más que una fotografía viva
en el papel
temporal del mundo.

Somos allá
nada más que el todo absoluto
que nos hace falta aquí
para ser reales.

Si Dios lo supiera

Seré huevo, seré cáscara, seré gallina, seré perro, seré gusano, seré germen, seré átomo, seré materia y antimateria indetectable, sustrato del aliento de una eternidad pasajera, seré verbo, seré hombre, abuelo, nieto, hijo, padre, hermano. Tendré ojos, faringe, pensamiento, seré mineral, seré vegetal, seré barro, seré agua, mar, ola, lluvia, nube, charco, fango hediondo, seré gravedad, masa oscura, vanidad carnal, golpe innecesario.

Martillo, hormiga, intersección de ambas cosas seré, cuerpo, figura, forma, cantidad, cualidad, peso, ligereza, volumen, talento, vuelo, danza planetaria, ciervo, cigüeña, lagartija, halcón, rata, perseverante insecto, anticipación de un memorioso olvido.

Y para dar a estas cosas un sentido abismal a mi esencia, inventaré asuntos de condiciones insostenibles, como la fealdad y la vejez, el hambre y la injusticia, la avaricia, la enfermedad incorrupta, la falta de sentido común, el sufrimiento, el desconcierto, la ira, el deterioro moral, la muerte…

Pero mi obra cumbre a este respecto de calamidades será crear la maldad. ¿Cómo puede existir la maldad con semejante armonía poética, con la amorosa matemática del cálculo celular, con este equilibrio inestable geométrico, con este amor mío divino?

Haré serpentear el miedo en los corazones, a la fe cubriré con el velo de la sospecha, en la absoluta comprensión sembraré las semillas de la incertidumbre, en la paz arroparé rencillas, en la plenitud deseo insatisfecho. Todo esto haré para disimular al hombre su grandeza imbatible.

Me someteré al olvido, a los engranajes del espanto, tan sólo dejaré en el arte mis borrosas huellas existenciales. Dudaré de mi existencia. Seré carcomida alma, rencor supremo y retroactivo, puerta sin bisagras, niño sin sonrisa, madre sin vientre, martirio espiritual, flaqueza humana, seré aquellos, los que pasaron, seré tú, seré él, seré todos vosotros, seré alumno y maestro, todo esto seré, y es muy probable que si acaso caen estas palabras entre mis manos, si alguna vez siendo hombre las leo, juzgaré su contenido nada más que como un vano ejercicio poético.

Porque estoy aburrido de ser a esta medida voluntad me entrego.

Seré trágico y devastador, seré incrédulo, mezquino, soberbio, profano, pontificado ateo, melindroso, nulo, pedante, seré Dios sin recordarme.

CANTO TERCERO Y FINAL:
Bienaventurados
los píos de los pies

Lo pregonan las aves

En cada muerte se redime la bruma.
Somos luz embelesada sin carne
como un fruto estremecido en la suculencia
de su diseño aún no concretado.
Ajenos a la depravación y la locura humanas
los pájaros siguieron cantando en los alambres,
en los tejados, en las ramas y en los cielos.

Ninguna metralla infame acalló su canto.
Su entusiasmo invicto a un nuevo día.
No hay con qué vencer a Dios
porque Dios no puede suicidarse.

Los inventores inventados

En un poderoso cónclave de hechiceros, surgidos de la imaginación de los hombres, se creó el mecanismo fotosintético de las plantas, y en una cápsula de semilla no más grande que la circunferencia de un garbanzo, enroscaron con su magia irresistible flores, arbustos, árboles de una altura colosal que besarían con sus regias copas los cielos.

Luego vino la creación de los ríos, del mar y de las montañas, de los animales y de los refinados e indestructibles insectos.

Uno de los hechiceros, en medio de esta amorosa labor, propuso:

—Deberíamos inventar a los hombres.

A lo que sus camaradas brujos al unísono respondieron:

—Tranquilo venerable mago, no te olvides que ellos nos crearon a nosotros.

Embotellado suspiro

La vida es un instante que se prolonga deprisa
y de pronto se convierte en un largo instante
en que se pueden hacer muchas cosas,
entre ellas vivir, hasta que ese dilatado instante
vuelve a su punto de partida, y no es nada más
que un instante en que se nos pasó la vida.

¿En qué pensarán las nueces?

Mides todo en términos humanos y no es así. Dios no está pendiente del hombre. No anda en la tontería. No sabe lo que es el pecado. No existe más cielo o infierno que aquel que está dentro de tus vísceras. Dios es la madre naturaleza. La naturaleza lo creó para poder existir. Mides todo con reglas humanas, con escalas ridículas de un tiempo presente que ni siquiera equivale a un pestañeo en la eternidad. ¿Con qué necia prueba científica se atreve alguien a explicar el milagro cotidiano de la vida de manera matemáticamente sobria, cuando las matemáticas son fiables en lo fraudulento de unos números infinitos que exceden cualquier atisbo de conteo?

¿Quién te dice que el sol no esté vivo o que el leñoso fruto de una nuez, simétrico cerebro ovalado de la madera, no piense y se emocione? ¿Quién les puede negar estos atributos? Cuando en el universo insondable debe haber por fuerza de probabilidades organismos vivos nadando como peces en el espacio, que no necesitan respirar porque no poseen pulmones. Colosales criaturas vivas como naves espaciales retozando entre los sistemas solares. Organismos unicelulares de tres mil ciento cuarenta millones de años luz de largo por nada de ancho, bacterias más grandes que una galaxia. Hermosos seres de piedra y hielo que cuando hacen el amor se pulverizan sembrando cúmulos de nuevas vías lácteas.

Otras historias de amor, otras guerras y pasiones y otras obras de arte y música y gloria. Otras creencias igual de estúpidas y dogmáticas como las humanas. Otras sabidurías inescrutables. De lo contrario, ¿para qué tanto infinito? ¿En qué desbordante inteligencia cabe la suposición de tanto espacio desbocado sin nada más que oscuridad, olvido, muerte a causa de no existir y una soledad tan grande que ni siquiera se sabe sola?

Naturaleza humana

Si todas las madres del mundo supieran,
y fuera drásticamente cierto, que al abrazar
a su hijo este contraería una enfermedad
letal e incurable por la acción de su maternal
cariño, la raza humana se extinguiría sin remedio
a causa del egoísmo congénito más delicioso.

El comensal distraído

Tenía tanta hambre que comí pedazos de mi propia carne.

Una mano cruda, la otra guisada en salsa de sangre, un brazo al ajillo, el otro estofado. Una pierna caldeada en sopa, la otra picada envuelta dentro de la piel a modo de empanada gallega; el culo, el pene y los huevos fritos, los pies en steak tartare, las orejas y la lengua a la vinagreta, los ojos como uvas que estallaron entre mis dientes, hasta los dientes me comí con los dientes, el pelo como fideos a la putanesca, las correosas uñas como almendras de la amargura.

Entonces, una vez saciado mi lúgubre apetito, no quedando más de mí que un manojo pegajoso de vísceras, amarillentas astillas de huesos, fluidos vitales y excremento, recordé un detalle culinario que de tan beneficioso me resultaba espeluznante: yo siempre he sido un entusiasta y acérrimo vegetariano.

Sorba el griego

La música se baila como la sentimos no como señalan los cánones o nos inculcan.

Puedes bailar con solo una pierna, dar saltos de mesa en mesa, contornearte en el suelo como un gusano, o apenas mover un pie sacudiendo las orejas, hacerte el gracioso y extender los brazos como si te hubiera dado un cortocircuito. Así se debe bailar la música, sin deberes, hipnotizado en el ritmo como se aferra el viento a la copa de los árboles, con una sonrisa de pájaros en el corazón herido, abrazando al mundo entero porque has descubierto que aún puedes jugar y divertirte sin una moneda en el bolsillo, sin saber el pronóstico del tiempo, si comerás mañana o si estarás vivo, sometido al vuelo del instinto sin temer nunca al ridículo.

¿Ridículo? Ridículos son los demás que no se dejan llevar por la intuición del momento, que no dejan salir al niño que guardan dentro.

Persiste y triunfarás

La idea de que nuestra fuerza de voluntad nos permite actuar con índole superior a lo que nos impone nuestra naturaleza responde a una interpretación errónea. Lo único que acata nuestra fuerza de voluntad es seguir los dictados de nuestra naturaleza. Estamos a merced de ella. Salvo que nuestra naturaleza sea justamente ser voluntariosos, empecinadas almas que nunca cejan gracias a su fuerza de voluntad.

Hola y adiós

Organizamos nuestra vida con la ilusión de no morir solos. Cuando solos nacemos y solos morimos y en medio de todo ello, en nuestra vida cotidiana, lo único que compartimos es nuestra soledad.

Cuando nacemos no nace toda la humanidad con nosotros, como cuando morimos, no se muere el mundo.

Bienaventurado lo chiquitito

Hay una fuerza de incontenible poder gravitatorio cósmico que lo expande todo hacia un infinito predestinado a la gloria de la inmensidad sostenida por la más diminuta partícula de todo el universo.

Destino

La secuencia de sucesos aleatorios de toda vida está determinada por el devenir planteado, tramado y escrito por el destino de ser azarosa.

Oda a lo que no es

Si el mañana
fuera pasado
y el pasado
futuro,
lo que he vivido
aún por vivir me quedaría,
pues el pretérito
sería el porvenir,
más,
en el tiempo presente
no existiría
porque no podría
recordarme.

Reencarnaluz

Con una escopeta de amor cargada de flores
sembraré los campos de jardines nuevos,
preñada está la recámara con la vital munición de sus perdigones
de pajarillos eufóricos y de mariposas de aleteantes vuelos.
Lastimaré a la infecunda tierra a escopetazos limpios,
reverdecerán las pampas mustias y los desiertos,
y por sus entrañas sedientas cantarán los ríos,
y en sus bosques lujuriosos pastarán los ciervos.
Como la ciega lealtad de la raíz que sostiene al tallo,
ante el embate del furioso viento circunflejo
es esta atrevida certeza que no callo
en la que declaro al hombre como mi más real reflejo.
La naturaleza creó a Dios para poder existir,
deja de sufrir hombre que al propio milagro asombra,
la voz insondable del universo en cada amanecer te nombra
porque la vida de todas las cosas buenas está llamada a persistir.
Oh átomos del aire, moléculas remodeladas,
partículas elementales,
sombras en las sombras de las sombras del sueño,
¿no veis que todas las muertes son fantasías mentales
y que de la simiente del amor germinarás risueño?
La muerte orgánica que hace desaparecernos,
que pudre la carne y pulveriza los huesos,
es el origen del brote de estos versos
que hoy pueden jurarte que volveremos a vernos.

Lógica inapelable

Antes no había un antes
porque no existía el tiempo.

El tiempo es una ilusión de la mente.

Lo que ahora existe
viene existiendo desde siempre
y lo que no existe ocurrirá
tal como ocurrió en el devenir
del pasado.

Oda al vacío

Cada vez que alzas la cara
a mirar las estrellas
no estás contemplando
ninguna especie de bóveda
inabarcable o cumbre o techo.
No hay cumbre hacia lo eterno.
Solo hay un pozo infinito
sin abajo ni arriba
desde todos los puntos cardinales
de nuestro diminuto mundo.
Pozo, hoyo, precipicio que se ahonda
a cada instante en la inmensidad
inconcebible de su desmedida hondura.

Te lo dije

A Putin casi con cariño… casi…

Hace seiscientos mil millones de años, con tres días y una hora terrestre, lo recuerdo como si fuera hoy, te dije: «arrasaremos este vergel que nos cobija». Y así fue: secamos sus ríos, contaminamos al mar con plastificada inmundicia, calcinamos sus bosques, no quedó nada de Marte. Solo polvo rojo y ceniza. Un páramo radiactivo orquestado al detalle con la sistemática inteligencia de nuestra estupidez olímpica.

Tú no lo recuerdas porque siempre has sido poco memorioso, holgazán de manual, afecto a recordar el olvido. Por el contrario, a mí, de ánimo belicoso como un río de leones, nada se me escapa y hasta recuerdo cosas que nunca sucedieron con tal nitidez que provoco su seguro acaecimiento.

Un puñado de supervivientes marcianos escapó a la tierra primitiva. Inhóspita incluso para su resistente anatomía, sin oxígeno, una atmósfera preñada de metano acabó con ellos. Ni siquiera quedó uno vivo para aprender la lección de sus desmanes. Pero quedaron sus bacterias y la información genética en las entrañas de la piedra para hacerles saber que al friccionarla con empeño suicida contra otra piedra se producirán chispas y con estas bailarán las llamas del fuego.

Te lo dije y ahora lo repito.

Volverá el nazismo, el comunismo, el fascismo, el peronismo y hasta sin género sexual el feminismo y el machismo aunados a un brutal racismo. Porque están en el limbo del aire dispuestos a resurgir como una melodía inolvidable, como un poema Homérico, como una ocurrencia descabellada, como el estornudo de un jilguero en la rama de un frío amanecer.

Volverán los pendrives, el cepillo de dientes eléctrico, las musas y los dones, la envidia, la vanidad y el glamur del más trivial apego. Luego el descubrimiento del átomo que se usará más para la barbarie que para conquistar las estrellas.

Todo está en el aire eclosionando en una danza inmortal de moléculas elementales.

Volverán los bombarderos y los acorazados lustrosos de ambición asesina. Volverán las corbatas, los botones y las hebillas, los políticos, los militares y las militancias. Los bunkers de lujo con aire renovable, los abogados, las enfermeras de urgencia de turno noche y los dentistas.

Volverá a dirigir todo un país un Nerón, un Stalin, un Hitler, un Mussolini, un Franco, un Pinochet y un general Videla, un Ceauşescu, un Trump, un Putin, un Kim Jong Un, autoproclamado líder supremo el gordito jactancioso, un Xi Jinping, un Maduro, una Margaret Thacher o un Mobutu Sese Seko; y lo peor de todo: volverán los mismos necios seguidores de estos sociópatas genocidas a vitorear y justificar sus matanzas al ritmo de la sexta sinfonía de Beethoven. Sí, sí, porque también volverá Ludwig Van Beethoven con otro nombre y apellido.

Volverás a arrasar un mundo y a tu propia especie. Una y otra vez saltarás de planeta en planeta hasta que, un día, tras el sorbo de la eternidad de incontables generaciones, ya no te apetezca inventarte y te quedes quieto muy quieto abrazado al vacío, tan quieto que ni el movimiento se propulse zambullido en los pasos de la no existencia, para el bien común del más aterrador silencio y la posteridad de las estrellas.

Maldita sabiduría

Cuando yo muera,
ya no estaré conmigo.
Dejaré de ser efímero e individual.
Seré parte de un todo eterno
y sabré todas las respuestas
al misterio insondable de la vida.

Y ahora me pregunto
para qué querré saber
los dones de la magia
si ya no seré yo: el que dudaba.

Índice

Nota del autor 7

CANTO PRIMERO:
Pasos

De peones y reyes 11
Bienaventurados los poetas 12
La santa culpabilidad de ser un necio 13
Bienaventurados los que callan 14
Bienaventurados los hombres que son Dios esparcido 15
Orquestal y divino 16
Del conocimiento 17
Bienaventurados los que recuerdan el presente 18
Loa 19
El regalo 20
Incredulidad universal 21
Sed de ser 22
Hoy: el significado concreto de lo difuso 23
Quiero decir tu nombre 24
Sí 25
Búsqueda devota 26
Amén 27
Filo dorado 28
Susurro de estrellas en do menor sostenido 29

Espléndida criatura 30
Pasos en las sombras 31
La aprobación 32
Un aleteo apenas presentido 34
Estadísticas del milagro 35
Pasos 36
El sentido común 38
Supervivientes 39
Desde el abismo 40
Ojo por ojo, siesta por siesta 41

CANTO SEGUNDO:
Revelaciones de un místico consuelo

Valores humanos 45
Loa II 46
Atrápame si puedes 47
Adivinanza 48
El Ello 52
La fe 54
Camino a la montaña 55
En la montaña 56
Almas angelicales 57
Si Dios lo supiera 58

CANTO TERCERO Y FINAL:
Bienaventurados los píos de los pies

Lo pregonan las aves 63
Los inventores inventados 64
Embotellado suspiro 65
¿En qué pensarán las nueces? 66
Naturaleza humana 68
El comensal distraído 69
Sorba el griego 70
Persiste y triunfarás 71
Hola y adiós 72
Bienaventurado lo chiquitito 73
Destino 74
Oda a lo que no es 75
Reencarnaluz 76
Lógica inapelable 77
Oda al vacío 78
Te lo dije 79
Maldita sabiduría 82

Otras obras del autor

Poeta filosófico y psicológico que se sirve de la potencia plástica del surrealismo mágico. Os hará pensar, sentir y sonreír, tanto como os dará consuelo, su mayor ambición. *El Lírico* es su cuarto poemario, ganador del V certamen literario Corcel Dorado, marzo 2020, Entrelíneas Editores.
Un canto al libro y al librero, al lector y a la lectura, al poeta y a la poesía, y sobre todas las cosas al lirismo imbatible que palpita en todos los seres humanos, bajo la siguiente premisa: el poeta no crea poesía, es la poesía la que crea al poeta. Metapoesía de alto vuelo, de la cual el autor nos confiesa la fuente de su inspiración y creatividad: todo poeta es un médium con el corazón de un niño.

Título: El lírico
Autor: Archi de Consuelo
P.V.P. 14,00€
Poesía
ISBN: 978-84-121937-1-8

En un mundo lejano, perdido en la constelación de Pegaso, rige su único dueño por vía hereditaria: Ciscus El Sanguinario. Tres meretrices todo terreno, nueve soldados de élite, tres constructores expertos en murallas defensivas, un mayordomo protocolario, un traductor de antiguas lenguas en desuso y un entomólogo son contratados para restablecer el orden en el decaído imperio.
Unos híbridos de topo y rata que rondan los dominios del castillo fortificado donde mora el emperador, rozan la santidad pese a su repelente apariencia. Y en las antípodas, en los bosques del cielo, se solazan unos seres bellísimos de refinada maldad. Cuando Ciscus El Sanguinario se entera que su padre pereció luchando contra estos ángeles del exterminio, emprende una cruzada para acabar con ellos.
Nada es lo que parece, y aún menos esta novela que, aunque fue tramada en un futuro distante, nunca se aleja de nuestro pasado sangriento y del rigor de las falsas apariencias de lo contemporáneo.

Título: Los monstruos también lloran
Autor: Archi de Consuelo
P.V.P. 25,00€
Narrativa
ISBN: 978-84-121622-6-4

«Querido Profesor:

Mi hijo tiene que aprender que no todos los hombres son justos ni todos son verdaderos. Pero, por favor, dígale que para cada villano, hay un héroe; y, para cada egoísta, también hay un líder dedicado. Enséñele que para cada enemigo, allí también habrá un amigo. Enséñele que es mejor obtener una moneda ganada con el sudor de su frente que una moneda robada. Enséñele a perder, pero también a disfrutar de la victoria. Háblele de la envidia para que se aleje de ella. Dele a conocer la profunda alegría de la sonrisa silenciosa y a maravillarse con los libros, pero deje que también aprenda con el cielo, las flores en el campo, las montañas y valles. Explíquele que más vale una derrota honrosa que una victoria vergonzosa. Enséñele a creer en sí mismo, incluso si está solo en este mundo. Enséñele a ser suave con los buenos y duro con los perversos. Enséñele a no entrar nunca en un tren solo porque otros ya entraron. Enséñele a escuchar a todos pero decidir solo. Enséñele a reír cuando esté triste y explíquele que, a veces, los hombres también lloran. Enséñele a ignorar las multitudes que claman sangre y a luchar solo contra el mundo, si piensa que es justo. Trátelo bien, pero no lo mime, ya que solo con la prueba de fuego se sabe que el acero es real. Incúlquele valor y coraje, pero también paciencia, constancia y sobriedad. Transmítale una fe sublime en el Creador y fe también en sí mismo porque solo entonces podrá tener fe en los hombres. Sé que pido mucho, pero verá lo que puede hacer, querido profesor».

ABRAHAM LINCOLN